陈志红的"自然教育课"是生成性的,以爱之名、因爱而生、又是对大自然的礼赞与致敬之作,生命唯有不断融入大自然这本无限之书,才能获得美妙的馈赠、治愈与感化,享受神奇、辽阔与生机勃勃。也正因为有如此的体贴和思索,本书又具有某种启迪性,它无疑是属于众多学校与家庭的,养育自然之子,就须回到自然之中。

—— 张文质

（著名学者,生命化教育发起人,家庭教育专家）

这是一本遵循"自然法"之书,立足于自然法,提升孩子的学习力和创造力,让孩子成为性格好、身体好、学习好的"三好"孩子。这也是一本"六艺教育"之书,立足于德、智、体、美、劳、情,引领孩子全方位成长。父母与孩子共同学习,共同成长,这是家庭教育坚定的基石。

——刘良华

（华东师范大学教授,广东省现代家庭教育研究院院长）

自然、美好、亲子陪伴、童真童趣、热情洋溢、沉浸式学习,这是我在这本书中读到的关键词。书中倾注了父母对孩子的

做大自然的孩子

陈志红 著

湖南教育出版社

· 长沙 ·

爱与智慧，指引更多的父母开展快乐有趣的自然活动，帮助孩子与自然相联结。这本书也让我再次确认，好父母就是为孩子擦亮了幸福之星。

——闫学

（小学校长，语文特级教师，正高级教师）

通常意义上的"写作"，是以文字来构建意象。但陈老师的著作，却以流光溢彩的意象，灼耀于文字。这些"直观自身"的意象，成了陪伴孩子成长的各种有趣的自然活动，其背后对教育、对孩子的"幸福执念"，终化成托举孩子生命的力量，铸成了她自己的教育"理想国"，而书中她和孩子们的实践，也成为众多家庭自然教育的活动指南。

——邱磊

（中华教育改进社理事，江苏省陶研会理事）

从志红的书中，我得到一种确认，那就是在自然中成长的孩子内心更富足，生活更幸福。这本书让我看到了最为朴素的自然教育的典范，也让我看到了温馨的亲子陪伴手记。志红通过儿童独特的观察世界的眼睛，精心设计出这本自然教育亲子活动指南，用直观的方式呈现出自然教育和自由玩耍的区别，也用最简单的方式告诉读者，自然教育缺少的不是爱，而是对自然的尊重和接纳，是每一个父母和老师带孩子走出家门就能够做到的事情。让我们一起行动起来，带领孩子体验大自然带给他们的快乐与满足吧。

——蓝淑荣

（幼儿园园长，AMI 国际蒙特梭利认证管理者）

父母是最重要的老师，大自然是最辽阔的教室。做大自然的孩子是幸福的，陪伴孩子在大自然中观察、游戏、创作的父母是智慧的。书中妙趣横生的照片，生动有趣的自然活动，让人迫不及待地想走出家门玩"蝶影""自然编织""自然印染"……精心设计的活动，易于上手，家庭书架必备，愿更多的父母拥有这份智慧，愿更多的孩子享有这份幸福。

——顾文艳

（正高级教师，江苏省特级教师，"全国小语十大青年名师"之一）

送给我的儿子王卓宸，
永远爱你！

自序

我们并不缺少"自然"

雨过天晴，我们一群父母带上孩子到附近的香山驿站，去观察立夏后的动植物。

与其说是大人们带着孩子们去观察大自然，还不如说是孩子们带着大人们去发现大自然。因为孩子们的眼光是最自然，最具童趣的。大人们不妨问问自己：多久没有观赏过一朵小花了？多久没有停下脚步观察过一只蚂蚁了？与自然脱离许久，是不是少了很多的灵气？大自然是最好的老师，而到了大自然，孩子又成了最好的老师。

孩子们边玩、边发现、边探索，每个人都有自己惊奇的发现。他们用儿童独有的眼光观察着周围的一切，时不时地发出惊叹声，然后用童言童语描述他们的发现：白色的有很多脚的蜘蛛，树上有一只小蜥蜴，在一个有洞的树桩里长了很多的蘑菇，草地上有很多非洲大蜗牛，捡到了不少松果，在树的周围发现了一个蚂蚁洞，蚂蚁们一队队地行进，它们用两个触角打招呼……

每个周末，我们带着孩子们一同在家附近的公园里共享大自然，孩子们来到没有限制、没有围墙的"教室"，开始一路的探索和学习，他们在自然环境中发现、触摸、体验、感悟、发问、表达、寻找答案。大自然充满无限的可能，儿童在自然中是主动地、沉浸式地学习与探索，更主要的是，儿童与自然的联结让他们内心充满快乐和满足。

然而，现代很多城市儿童与大自然完全割裂，而儿童与自然的断裂与诸如肥胖症、注意力缺陷、校园霸凌和抑郁症等各种身心疾病和问题关系密切。这类现象被美国作家理查德·洛夫称之为"自然缺失症"。

"自然缺失症"不是一种病理表现，洛夫只是借它来说明自然对人类身心健康有疗愈的功能，经常与自然接触有助于身心健康，让儿童的身体素质更强，精神状态更好，情绪更为稳定。因此走进自然，在自然中形成高质量的亲子陪伴显得尤为重要。我们时常看到年轻的父母带着孩子在户外玩，但是，父母们只是换了一个地方玩手机，孩子们自己在公园里漫无目的地玩耍，父母没有和孩子产生互动，没有情感上的交流，只有偶尔禁止某种行为的呵斥声，这样就形成了亲子间的物理距离和情感距离。而我们说的陪伴是言行上的交流和情感上的共同投入。

说起大自然，我们可能会想到高山深林、沙漠荒地、热带雨林，觉得融入大自然遥不可及。事实上，自然可远可近，小到一块草坪，路边的行道树，大到一片森林，一座山脉……都可以称之为自然，自然就在我们生活的周围，只是长久的漠视与隔离，让我们与自然之间有了深深的距离，必然也会有认知上的鸿沟。当我们慢下步伐，带着孩子尽情享受大自然，就能感受到自然带来的无与伦比的美好。春天，我们和孩子一起捡拾花瓣，用相框压花，感受自然艺术；夏天，我们寻找蝉蜕，与生命对话；秋天，我们捡起落叶，制作树叶创意画；冬天，我们静心冥想，想象创造……一年四季，我们有好多的事情可以做，好多的自然美景要欣赏与储藏。

和孩子一起全身心投入自然，自然就不再是书上抽象的概念，而是变得鲜活起来。徜徉、浸润在大自然中，大人和孩子都变得生机勃勃，这就是自然教育的美妙之处。

"自然教育"，简言之就是以自然为师的教育形式，以自然环境为背景，利用科学有效的方法，让儿童融入大自然，实现儿童对自然的有效采集、整理、编织、创造。每个孩子都应亲近大自然，树叶、小草、花朵、泥巴、蚂蚁、蝴蝶、蝉蜕、蜘蛛……都是孩子们的玩伴。我们去大自然，获取多少知识不重要，重要的是孩子需要通过玩耍释放自己的能量，消耗自己的体能，休整过后，达到身体和心灵的平衡。

在自然教育中，大自然是唯一的老师，蕴含着无穷的智慧。大自然最能激发孩子的灵性，通过观察、模仿、探索，让孩子通过"体验式"学习形成与自然的深度联结，用文字、绘画、手工、音乐等形式表达对自然的感受。并在体验的过程中培养孩子的沟通力、合作力、想象力、创造力、领导力，培养孩子坚韧、乐观的品质。而培养孩子优秀的能力和健全的人格，让孩子拥有幸福感，正是教育的终极目标。

我们并不缺少"自然"，而是缺少"教育"，如何让孩子在大自然中获得教育，才是我们要思考的问题。为此，我把陪伴孩子亲近大自然的故事和活动案例写入本书，希望能给父母们一些灵感和思考。书中共有20个亲子活动案例，这些好玩、有趣的自然活动涉及美术、语文、数学、物理、生物等多门学科，既有开展活动需要准备的素材、实施过程的详细讲解，又有在活动中让孩子习得语言表达、艺术创作、人际交往、性格养成、动手实践等能力方面的引导，是一本高质量亲子陪伴手记，也是一本自然教育的亲子活动指南。

对于孩子而言，隐藏在自然之中的乐趣最美妙。带上一颗"自然"的心,和孩子一起体验大自然的神奇和生命的美好,让孩子在大自然中拥有无限创意吧。

目录

I

第一部分

做大自然的孩子

大自然对心灵有慰藉作用，尤其有益于孩子们的心理健康和人格培养。孩子们到了大自然，儿童的天性就显露出来，追逐打闹，开怀大笑，也表现出很强的求知欲，什么都会问，什么都专注地听。儿童教育家陈鹤琴先生指出："大自然、大社会是知识的源泉。应让儿童在与自然和社会的直接接触中，在亲身观察中获取经验和知识。"大自然就是最好的课堂，现在我们的孩子被太多的课堂知识所束缚，小小的孩子就坐在教室里学英语、学数学、学识字，早早忘记了大自然的模样。教育应该遵从孩子成长的规律，让孩子用自己的眼睛去发现，用自己的手去触摸，用自己的方式去探索。

　　著名教育家苏霍姆林斯基说："大自然不仅在智育中起着巨大的作用，在丰富儿童精神生活方面也起着同样重要的作用。"

　　每每忆起自己儿童时在大自然中玩耍的经历，对苏霍姆林斯基这句话更加深以为然。我们小时候，吃槐花、采桑葚、描影子、捉泥鳅、采蘑菇、摘果子……在田野里、在山坡上玩得不亦乐乎，笑声回荡在大地间每一个角落。倘若没有与自然的接触，我会少了许多灵性，少了许多快乐的源泉。也许我对自然的领悟，对艺术的热爱，对文学的向往，对教育的觉醒，所有的源头就来自于那些自然经历的馈赠。

第一章
自然教育的内涵与价值

远离自然：
"自然缺失症"

　　信息越来越发达的今天，儿童越来越远离自然，他们可以在有电子产品的室内待上一整天，都不会觉得厌烦。理查德·洛夫早在 20 世纪 80 年代后期就意识到这一变化，在他的《林间最后的小孩》一书中，一个四年级的小男孩保罗说："我更喜欢在屋里玩，因为到处都有插座。"丰富的电子娱乐游戏，以及城市化进程的加速，很多孩子尤其是城里的儿童，与自然割裂了。洛夫通过研究和调查，提出了"自然缺失症"

的概念，主要指的是人类因远离自然而产生的感觉迟钝、注意力不集中、生理和心理疾病高发这一现象。

将人们的身体和心灵从狭窄的空间中释放出来，从电子屏幕前拉开，去欣赏一朵花开，聆听一次虫鸣，是治愈"自然缺失症"的良药。"自然教育"在信息化的今天重新显现它的价值。

自然启蒙：
自然教育的源起

"自然教育"这一概念的提出其实很早，卢梭在他的著作《爱弥儿》中对自然教育理论有着详细的论述，他提出教育的目的在于使人成为自然人，并号召儿童教育回归自然、认识自然、感受自然。在中国，"自然"一词最早始于老子，"人法地，地法天，天法道，道法自然"。老子主张回归自然、复归人的自然本性，认为一切任其自然便是最好的教育，人要从自然当中领悟一切。老子的"道法自然"思想对后世影响很大。

大自然有疗愈心灵的作用，人以自然为师，受益无穷。

美国博物学家乔治·夏勒说："自然界里的生物都那么美，它们也有权利与人类一起生活在这个美丽的星球，人类甚至需要这些动植物提供各种生活资源。其实，与自然和谐相处，让每个孩子热爱自然，最终受益的还是人类自己。"

亲近自然：
自然教育的内涵

"自然教育"是以自然环境为背景，以人类为媒介，利用科学有效的方法，使儿童融入大自然，通过系统的手段，实现儿童对自然信息的有效采集、整理、编织，形成社会生活有效逻辑思维的教育过程。真实有效的大自然教育，应当遵循"融入、系统、平衡"三大法则。从教育形式上说，自然教育，是以自然为师的教育形式。人，只是作为媒介存在。自然教育应该有明确的教育目的、合理的教育过程、可测评的教育结果，实现儿童与自然的有效联接，从而促进儿童智慧成长、身心健康发展。[1]

我们可以归纳出自然教育具有以下特征：

1. 注重自然体验，主张走进自然，亲身体验。体验给儿童带来的益处远远超过知识的学习。美国海洋生物学家蕾切尔·卡森就说："在自然界中，让儿童去学习知识远没有让他去体验重要。"要让儿童跟大地、跟自然、跟生活广泛接触，让孩子在体验、摸索、触碰中发展内在的能力，充分尊重孩子自我的感受，才是触摸到本质的教育形态。

2. 主要以自然为导师，从自然中汲取智慧。大自然是最好的老师，"自然教育"把自然作为第一任且持续终身的导师。大自然所有的自然事物、事物之间的联接、万物生长的规律等，都可以作为教育的素材。

3. 以引导、启发、生成为主要的教育方式，不以灌输知识为目的。自然教育注重让儿童的手、脚、眼睛、耳朵、鼻子，整个身体都与自然相交融。带着体验、引导、启发的方式开展自然教育，人与自然之间没有关于知识的阻隔，我们对自

---

1 自然体验教育活动盛行——儿童与大自然如何有效联接 [OL].(2018-11-20).https://baijiahao.baidu.com/s?id=1617632526927108021&wfr=spider&for=pc.

然更多的是源自生命的"感受"，而非"知识"的储藏。

4.自然教育是跨学科的，提倡学科融合。自然教育涉及科学、艺术、数学、生物、地理、物理、美术等多学科视角和方法，融合自然观察、自然体验、自然笔记、自然游戏、自然感悟、自然科学等多种形式。

5.培养独立、自信、自强、阳光等良好品格。孩子们在自然里，很多事情都想去尝试，更重要的是，父母和老师的引导给孩子多打开了一扇窗，让他多了一次与自然、与社会接触的机会，他会在自发参与的活动中，变得自信、勇敢、乐观，这些美好的品质比任何知识技能都重要。

自然实践：
国内外的自然教育

1.森林教育＋主题教学模式。国外自然教育的教育目标和课程理论较为完善。德国的自然教育是森林教育＋主题教学模式，他们认为大自然的玩具远胜于商业玩具，在森林里面找到的树枝、泥巴、小虫等更能发挥孩子的想象力、表达力、创造力，激发孩子的生命灵性，让孩子爱上大自然，享受简单、质朴的快乐。

2. 教学 + 自然学校 + 项目。美国的自然学校，主张让孩子在大自然中通过观察、动手等一系列自主的学习方式去探索、感知自然的魅力。家庭教育更是把孩子从小就和大自然紧密地融合在一起。每逢周末和假期，跟着家长游历自然保护区的孩子们随处可见。美国人认为在大自然中长大的孩子，对大自然的感情和那些没有这些经历的孩子是完全不一样的。美国学校和家庭、社会通力合作，开展项目式自然公园课程。

3. 森林课程项目。英国的自然教育主要受到早些时候先锋户外教育理念影响，以期让在温室中成长的孩子有更多冒险的机会，旨在减少儿童接触电子产品的时间。让孩子们在当地的森林自然环境中，发展感官能力、合作能力、人际交往能力等。

4. 自然体验课。近几年来，我国的"自然教育"渐渐兴起，受到家长和孩子们的欢迎。重视自然教育的家长，普遍素质较高，他们认为孩子的教育重在体验，自然教育能培养孩子优秀的品质和健全的人格。

第二章
家庭开展自然教育的四个关键词

陪伴：
陪你一起长大

　　一提到"自然教育"，大家更多想到的是针对孩子，但其实成人更需要。我们强调"亲子共育"，在自然活动中，与孩子彼此为伴。我们都知道陪伴的重要性，可是，陪伴不只是陪着，孩子需要高质量的陪伴。而高质量的陪伴，离不开爱与温暖，需要父母时不时地与孩子交谈、商量，积极回应孩子，在情感上温和地交流，并鼓励孩子积极探索与创造。就如著名教育学者张文质老师所说："陪伴就是身体在场，情感在场，亲情互动。"

自然教育活动一般可以按以下三个部分展开：

1. 主题策划：每周一个主题活动，这个主题可以根据季节的变化来确定。春天可以观赏花草，制作相框压花；夏天可触摸生命，寻找蝉蜕；秋天可以寻找落叶，进行树叶创意画……当然也可以根据当时当地的情况确定自然主题。

2. 任务驱动：主题确定后，和孩子一起设计自然任务。比如，五感观察活动，孩子们的任务是：用眼睛去观察动植物，用手去触摸，用自己的方式去记录，用语言去表达。可以制作简单的观察记录表格，让孩子带着表格观察记录。

3. 表达交流：开展自然活动后，和孩子一起交流，听听他们在大自然中的发现，无论孩子说什么，我们都接受和鼓励。

体验：
一起和大自然玩耍

爱玩是儿童的天性使然，玩耍让人欢乐，在孩子玩耍时，不要打断他们，尊重孩子在玩耍中的安然自在。我们大人要随时唤醒自己的童心，与孩子调整到同一频道，成为孩子们优秀的玩耍伙伴。让玩耍和体验成为孩子学习的动力。如林耀国副教授所预期的：通过玩耍发展出感觉、动作、认知、语言、情绪、人格及社交能力。体验比知识本身更重要，我们可以开展自然观察、自然艺术、自然游戏、自然文学等方面的活动。

1. 自然观察

颇具传奇色彩的自然观察家亚历山大·冯·洪保德

说："自然只能通过感觉来体验。"在自然中鼓励儿童调动"视""听""触""味""嗅"五种感官功能，即"五感体验"，用眼、耳、鼻、舌、皮肤去感知自然、探索自然。

"自然观察"是最基础、最重要的自然教育。父母引领孩子观察大自然的一切，和他们一起交流：你看到、听到、闻到、感觉到了什么，在孩子们的自然观察记录表上，和孩子一起把观察到的动物、植物画下来或者写下来。不同年龄段的孩子有不同的自然体验方式：3—6岁的孩子，父母可以让他们自由体验，引导、鼓励他们说出来；6—12岁的孩子，父母可以鼓励他们用画画或文字的方式记录。

在家中，还可以和孩子一起培育植物，容易生长的花草、蘑菇都可以是孩子们观察培育的对象，鼓励孩子做好观察记录。

2. 自然艺术

自然会奖励有眼光和想法的人，激发孩子的想象力和创造力。我们可以开展以艺术为中心的自然活动：户外涂鸦、自然编织、树叶创意画、自然画笔、自然印染……比如

"自然编织"，这项活动就非常考验孩子的动手能力，能训练孩子的手眼协调能力，锻炼手部肌肉的发展，在国外是很热门的课程。

3. 自然游戏

当孩子还是婴儿时，我们会时常与他游戏，用眼神逗他，和他躲猫猫，劳伦斯·科恩把这些称为"目光之爱"。慢慢地，这种"目光之爱"随着孩子的成长渐渐断开。其实，"游戏力"应该贯穿整个育儿过程，因为游戏能够让亲子关系产生更亲密的联结。

融入自然的游戏深受孩子喜欢。晴天，我们可以和孩子们在太阳下玩"好玩的影子"游戏，和孩子一起寻找、发现

影子，设计、追逐影子，勾画、描述影子。影子在物理学里是光的直线传播，在文学里是温暖的陪伴，在儿童世界里是孩子们的童真童趣。雨天，我们可以和孩子们在雨中画画，任由雨水创造色彩艺术……

还可以开展科学实验游戏："会游泳的鸡蛋""会跳舞的大米""水中绽放的花朵""火山喷发之水底熔岩""覆杯实验""瓶子吹气球""纸屑飞起来""可乐吹气球""可乐喷泉""生活中的二氧化碳"。

只要你放下身段，与孩子一起游戏，亲子间的联结就会因为游戏更为密切。劳伦斯·科恩的"游戏力"育儿方式（基于玩耍的养育方式），可以成为年轻父母高质量陪伴孩子的有效引领。

4. 自然文学

自然中处处都是文学，源自自然的文学，更加灵动，富有生命力。在自然中，我们可以开展情境朗读、情景表达、童诗创作、森林表演等自然文学活动。有了自然环境中真实

的情境，儿童的表达力、探索力、创作力更容易被激发出来。

父母若想让孩子获得学习的内驱力，培养孩子对学习的兴趣，以自然为导师是最好的方式。孩子对自然总是充满好奇，充满了探索的欲望，这正是孩子学习的最佳时机！

倾听：
听听孩子的声音

让孩子在自然的课堂里，聆听不同的声音，触摸不同的物体，了解它们不同的特征，感受生命的律动。大自然常以不同的方式感动孩子，每个人都会有不同的体验和特别的感受，我们要做的就是当一名耐心的倾听者，倾听孩子的声音，听听他们看到的、感受到的、感悟到的自然。

社群：
"家庭互助式"育儿

我们可以把经常和孩子一起玩的家庭组建为家庭育儿社群，发挥各个家庭所长，共享资源。家庭亲子社群开展自然活动更容易，每个家庭轮流策划主题、安排活动事宜，其他人只需配合参与即可。这样的亲子社群会互相督促，激励大家千方百计抽出时间来陪伴孩子，带孩子去大自然。

在育儿的过程中，家长们也需要情感支撑，在焦虑、困惑、无助的时候需要一个情绪疏导的通道，需要有效解决问题的

方法。家庭互助式社群能发挥巨大的作用，通过社群亲子活动，家庭之间彼此联结，互帮互助，改善当下的心境，拓宽育儿的视野，获取情感的共鸣，家长和孩子都不会孤独、无聊、封闭、无力。

第三章
自然物语亲子活动的开展

为了陪伴儿子，我重新走进大自然，发现大自然对儿童有着巨大的吸引力。我也阅读了一些教育书籍，了解了一点儿童心理学知识，益发对"大自然就是最好的课堂"这句话深信不疑。于是一个"自然教育"的计划诞生了，我跟具有相同教育理念的朋友们组建了"自然物语"亲子社群，我们的"自然物语亲子课堂"也随之产生。

我们期待的自然教育是自然的、艺术的、文学的，期待孩子们有感知、领悟自然的能力，所以取名"自然物语"。2018—2020 年我们开展了近 50 个自然教育活动，包含自然观察、自然设计、自然艺术、自然感悟、自然日记、自然编织、自然文化、自然印染、自然美术、自然科学、自然行走、自然文学、冥想心流……涉及语文、数学、生物、美术、地理、物理等多个学科。

每个周末，我们都呼朋引伴，到公园里捡树叶、拾花瓣、找石头，孩子们玩得不亦乐乎，或涂色、或拓印、或粘贴，一幅幅艺术品就诞生了……我们欣赏四季的变化，探索水的奥秘，听鸟儿令人心旷神怡的鸣叫，触摸粗糙的树干，细嗅花朵的清香，动手做自然作品……

保有"好奇心"是自然课堂的惊喜用意。大自然会让孩子充满好奇心，好奇心让孩子沉浸在自主的学习和体验中，很容易获得专注力和学习的热情。在自然物语活动中，孩子们用"好奇心"开启自然探索：毛毛虫是怎么变成蝴蝶的，蝉为什么要蜕壳，彩虹是怎么形成的……

唤醒"探索力"是自然课堂最本真的心愿。在好奇心的驱使之下，孩子们也有了自己去探索、去寻找答案的动力。比如我们开展的"手绘公园地图"活动，孩子们需要自己绘制一张公园的地图，孩子们首先需要观察、了解不同的地形特点，知道如何定位东南西北，还需要亲密接触多种不同的自然材料，通过感官刺激、交流表达，引导孩子进行独立思考，自行探索。

激发"创造力"是自然课堂的最佳发现。德国教育家爱德华·斯普朗格说过,"教育的最终目的不是传授已有的东西,而是要把人的创造力量诱导出来"。大自然最能激发孩子的创造力,孩子们也往往能用想象力和创造力搭建一个新世界。

培养"表达力"是自然课堂的成功收获。善于自信地表达自己的想法,是孩子一个非常重要的能力。每次的自然活动,我们都俯身倾听,耐心且专注地接纳孩子们纯真的想法。我们惊喜地发现,每个在自然中自由自在成长的孩子,表达力都是独一无二的。

打造"幸福力"是自然课堂的终极目标。每周的自然物语亲子活动,是我们用心陪伴孩子的幸福时光,每次分享亲子活动的照片和视频,都会收获很多羡慕和赞美。有一位朋友说:"你们给了孩子一个快乐的童年!快乐的童年滋养一生的幸福。"让幸福从孩子身上"长"出来,是给他最好的成长力!

会玩的孩子更快乐,更具有幸福力。我们通过朋友圈和"读来读往拾光"公众号发布每次自然活动的实况,珠海、西安、长春、厦门、襄阳、佛山、长沙等地的朋友都纷纷带着孩子效仿,我们自然物语亲子活动开始辐射更多的家庭,让越来越多的家庭走进大自然。

　　虽然大自然就在我们身边，但很多家长都忽略了这个重要的"学习阀门"，他们更热衷于让孩子去各种各样的兴趣班。张文质老师说："在自然里体验到神奇、辽阔、丰富，自然万物都可以被叙事，被描述，被传说，这种功效是在任何的课堂，任何的封闭空间都难以达到的。"

　　在大自然中获益的不只是孩子们，大人们也收获满满。我们成人的心灵蒙尘已久，大自然能帮助我们涤荡心灵上的尘土，解放身体，释放压力。当我们蹲下来，和孩子一起观察自然、体验自然，我们不仅能看到不一样的世界，也能发现一个独一无二的孩子。在自然之中，做最真实的自己，对孩子更温柔，孩子也会温柔地爱你。

我们惊喜地发现，孩子们在悄悄地发生变化：他们的皮肤有了黑色素的沉积，但收获了健康的体魄；他们在与他人交往的过程中，能愉快地相处，能明确地拒绝，能欣赏他人的长处，这些"人际幸福力"在孩子成长过程中无疑都非常重要；他们在大自然中成长锻炼，收获自然知识、生活知识和生命学识；他们亲眼观察，亲手实践，他们的思维发展渐渐显现出优势；他们有独特的生命体验，增添了许多灵性，这是在游乐场和电子产品中长大的孩子无法比拟的。

孩子有父母用心的陪伴是幸福的，而我们陪伴着孩子也是幸福的。我们想要赋予孩子们向大自然学习的能力，赋予他无限的想象力和创造力，让他能够成为幸福的人，这是每一位父母心中最本真、最纯粹的心愿！

张文质老师说："作为父母，应该给孩子更强的大自然课程的意识，有空就把孩子带到大自然当中，相信大自然的课程才是创造美好成长的重要推动力。"越早意识到越好，不要等到孩子沉溺于电子产品再开始，因为正如蒙台梭利所说："我们对儿童所做的一切，都会开花结果，不仅影响他一生，也决定他一生。"

II

第二部分

一起去大自然吧

第一章

每个孩子都应亲近大自然

自然物语

五感世界 —— 自然观察

　　遇到一只蜗牛、一只蚂蚁，你是否会停下脚步观察它们的行动轨迹？看到一株草、一朵花，你是否会想它们会有怎样的生命历程？我们一起去大自然吧，树叶、花朵、蚂蚁、蝴蝶、蝉蜕、泥巴、蜘蛛……都是我们的玩伴。用"视""听""触""味""嗅"五感观察自然，你会发现孩子天生就是一个观察家。

材料和工具

1. 画笔几支、放大镜、夹板或者硬纸板（方便小朋友画画、写字）。

2. 爬爬垫（席地而坐）、防蚊水（夏天必备）、相机或手机。

活动过程

① 在户外选定一个安全、开阔的自然环境区域，让孩子自由观察周围的动植物。

② 引导孩子去发现、观察动植物的

特点，尝试用画笔画下来，或者用符号代替。

③ 也可以事先做一个观察记录表，让孩子带着目的和任务去观察。

④ 爸爸妈妈跟着孩子去观察，鼓励孩子用眼睛看，用手触摸，用嘴巴说。大人需要做的就是确保孩子的安全，鼓励孩子自己去发现。遇到孩子提出的问题，可以用"花草君"等可以识别花草、昆虫的软件拍照，给孩子做一些简单的介绍。如果能邀请生物老师一起参加就更好了。还可以提前买一本自然观察图鉴，让大一些的孩子去观察对比。

⑤ 把孩子集中在一起分享交流，鼓励孩子说出他看到的、听到的、感知的。

⚙ 活动拓展

这个活动可以重复带着孩子去做，不同的季节、不同的地点孩子们会有不同的发现。小一点的幼儿可以鼓励他们画一画、说一说自己的观察发现，大一点的学龄儿童可以鼓励他们写一写自然观察日记。

知识链接：自然观察

在大自然中观察各种事物，自然界的声音、画面、气味等不停地给孩子全方位的感官刺激，儿童以自己的方式去认知自然事物，得到的自然知识是第一手的、具体的，是和其经验相结合的独一无二的情境体验。

温馨提示

在活动中，家长尽量不要打扰儿童的观察和探索，耐心等待儿童主动发问，主动与我们交流。不要"灌输式"地注入知识，我们的目的不是知识的灌输，而是在自然物语活动中引导儿童与自然亲密接触，在与自然相处的过程中，儿童的观察力、表达力自然会慢慢提升。

"五感世界"观察记录

姓名：＿＿＿＿＿　年龄：＿＿＿＿＿

观察力：☆☆☆☆☆　表达力：☆☆☆☆☆

任务一：你观察到了什么动物或植物？请你试着画出来。

任务二：你观察到的动物有什么特点？它在做什么？（孩子画，家长写。）

亲子物语
学习在"不知不觉"中完成

你们快来看呀,我们身上都粘满了"虫子"!原来这些"虫子"就是《一粒种子的旅行》里面的鬼针草。

唐梓皓

妈妈,这个草真好玩,它们会害羞。

吴欣忆

快来,快来,我发现了一个屁股一样的蘑菇!

王卓宸

今天有好多的惊喜发现:蝴蝶的蛹,它的幼虫——毛毛虫,还有橙色和黄色的蝴蝶,几株含羞草,蚂蚁在吃食,蜥蜴的幼虫"嗖"的一下逃走了,还有小朋友说像屁股一样的蘑菇,草地里到处都隐藏着生物。

罗语晨妈妈

　　我家皓皓很怕虫子，但他今天见识了什么是蜈蚣，了解了蚂蚁头上两个小触角的作用，知道了丑丑的毛毛虫会变成美丽的蝴蝶，听到了新名词"变态发育"……每一个发现都藏着大量的知识，孩子们觉得奇妙极了，学习都在"不知不觉"中完成了，没有压力，只有趣味，非常棒的自然体验。

唐梓皓妈妈

　　大自然是最好的课堂，带孩子去玩耍、去探索、去感知、去观察、去表达就是最好的亲子陪伴。孩子的观察力和表达力在玩耍中慢慢形成，妈妈们最开心了。小朋友们的观察力太棒了，表达力也一级棒：五彩缤纷、色彩斑斓、倒立行走这些词语都蹦出来啦，五感体验的自然活动，孩子与自然都会给我们带来惊喜。

王卓宸妈妈

第二章
自然赋予儿童艺术灵感

自然物语
蝶影 —— 自然艺术

　　蝴蝶是自然界的小精灵，它们身上有美丽的花纹，怎样才能让它们停留下来？哦，好像不可以！它们是灵动的，飞来飞去，喜欢自由自在。我们把自然的小精灵画下来，剪下来吧。用美丽的自然景物来装饰这只小精灵，自然之美、精灵之美被定格在影像里。当传统的剪纸遇上自然美景，会给孩子们带来怎样的审美与艺术创造？

材料和工具

1. 白纸、铅笔、剪刀。

2. 相机或手机。

⚙ 活动过程

① 带孩子去公园的花丛里观察蝴蝶的外形特点。如果是没有蝴蝶的季节可以观察图片。

② 把白纸对折，沿着对折线画半只蝴蝶的轮廓，沿着蝴蝶的轮廓剪下，这样白纸上会有一只镂空的蝴蝶。

③ 让孩子选择自己喜欢的美景，用镂空的蝴蝶框住景物，然后用相机或手机拍下来。

④ 展示孩子的"蝶影"作品，听听孩子的艺术创作故事，发现儿童独特的审美。

活动拓展

　　可以让孩子画各种自己喜欢的动物，比如兔子、飞马、小熊、燕子、天鹅等，然后用剪刀剪出镂空的图案，再用这些图案去框大自然中的美景。不同的季节有不同的景色，你的镂空作品里会有不同的"剪影"。

知识链接：自然艺术

　　自然赋予艺术灵感，大自然中的花草、土地、石头，都是绝佳的艺术品，而孩子是天生的艺术家，他们有孩童独特而天真的审美，相信他们的眼睛能发现独一无二的美。

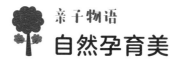

亲子物语
自然孕育美

　　我把蓝天框进镂空的蝴蝶，蝴蝶变成蓝色了。

吴欣忆

　　快看，甜甜的脸飞到蝴蝶的翅膀上了，哈哈！

马轶泽

　　我把蝴蝶放到三角梅上，蝴蝶就在花丛中飞舞；把蝴蝶对准鸭子，蝴蝶就跟鸭子捉迷藏；把蝴蝶对准大树，蝴蝶就停在树上休息……

林煜程

　　画蝴蝶—剪蝴蝶—照蝴蝶，"蝶影"作品诞生了！孩子们拿着自己的"蝶影"作品，兴奋地与同伴分享：我的蝴蝶翅膀好大……她的蝴蝶要飞起来了……弟弟的脸变成了蝴蝶的衣服……当他们迫不及待地去大自然中寻找漂亮的景色，给蝴蝶剪影穿上精美的衣服，在父母和同伴面前炫耀时，一幅幅亲子画面好美！孩子们在大自然中观察体验、在传统剪纸工艺中尝试实践，让做老师的我露出了老母亲般的微笑……

张一涵妈妈

第三章

母子情感的抱持

自然物语

把美景"穿"在妈妈身上——自然设计

我们都是妈妈的孩子，让我们来把美景"穿"在妈妈身上吧！为妈妈设计一条自然美景的裙子，她一定会露出最灿烂的笑容，那是最甜蜜的幸福感。

材料和工具

1. 白纸、剪刀、画笔。

2. 相机或手机。

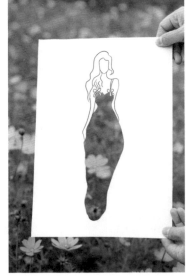

活动过程

① 在白纸上画出穿长裙妈妈的简笔画，裙子越长越大越好看。

② 用剪刀把裙子剪下来，形成镂空的图案。

③ 和孩子一起去寻找身边的美景，用镂空的图案框住美景，用相机或手机拍下来。

④ 还可以在镂空的图案下面再贴上一张白纸，把美景画在镂空的位置，就把美景一直"穿"在妈妈身上了。

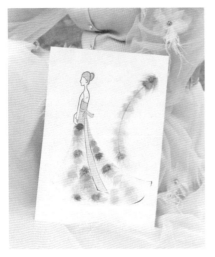

活动拓展

　　和孩子一起捡落叶、花瓣、果实、羽毛等自然物品，通过粘贴的方式为妈妈设计裙子。

温馨提示

本书中涉及的自然活动需要用到自然植物的，请爸爸妈妈提醒孩子们采集野生植物，或捡拾落叶、落花等，公园里的花草植被是不能随意采摘的哦！

亲子物语
孩子眼中最美的风景

我穿了漂亮的红裙子，也让妈妈"穿"上漂亮的红裙子。

吴欣忆

我给妈妈设计了一条羽毛裙子，妈妈真的买了一条有羽毛的裙子，妈妈穿上好看极了，是世界上最美的妈妈。

王卓宸

我用花瓣给妈妈设计了一条花瓣蓬蓬裙，妈妈的脸笑成了一朵花。

马铱泽

"自然物语"亲子活动已经成为每个周日必参加的例行活动。今天的主题是"把美景'穿'在妈妈身上"，寻找美景，用美景装饰裙子，让妈妈"穿"上孩子设计的裙子。有赠书《一片叶子落下来》、有礼物、有橙子……还有妈妈的笑！有创意、有趣、好玩、好开心！

赖绎心爸爸

　　"生活中从不缺少美，而是缺少发现美的眼睛。"为了给妈妈设计漂亮的裙子，孩子们到处寻找美景，盛开的花朵、金黄的落叶、波光粼粼的湖面、蓝蓝的天空、彩色的石子路、自己身上的衣服、路边的大石头，还有不起眼的树皮……把这样的裙子穿在妈妈身上，真是美极了！

王卓宸妈妈

第四章

珍视孩子
真实的表达

自然物语
相框压花 —— 情境表达

　　花朵是自然界中美丽的存在，即使掉落，也有另一种美。带着孩子拾起落花，装入相框，留住这份最后的美。每一朵花都有它的花语，孩子天真的语言在花的情境中，自然流露，创意表达。

材料和工具

1. 网上淘来的或者用硬纸盒做的相框、花朵、树叶、干花剂、双面胶或白乳胶。

2. 相机或手机。

活动过程

① 准备好相框，最好是带玻璃或者塑料片的，方便压花。

② 和孩子一起捡花朵、树叶、藤蔓等自然物品，尽量寻找
那些能够压平或者本身比较平展的物品。

③ 让孩子按自己的想法把这些自然物品平铺在相框的玻璃或塑料片上，用双面胶或白乳胶固定好，用相框的另一块玻璃或塑料片压在物品上面。

④ 把相框作品晾上一段时间，让它完全干燥。

⑤ 让孩子细心观察相框里自然物品的变化。

⑥ 还可以静静地躺在落花上，让心安静下来，和花儿们说说话，把你想说的都告诉它们。

⑦ 与孩子交流，听听他们和花说了什么，把孩子的语言记录下来。

⑧ 关于花的诗文非常多，可以选择孩子感兴趣的篇目进行朗诵。在赏花、制作压花的过程中，鼓励孩子大胆表达。

活动拓展

　　可以用干燥的花朵做成书签或者其他艺术品收藏，还可以直接用树枝、花朵装饰相框。自然相框会给家增添森林的气息，为自然作品举办森林拍卖会也是一个不错的主意。

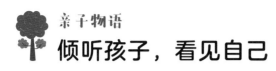

亲子物语
倾听孩子，看见自己

一上午都在和花玩，把各种花压在相框里，妈妈还买来了干燥剂，花儿们慢慢干枯了，变成了另外一种美丽。

龚泡尘

妈妈最爱花了，一到各种花开放的时节，我们便会去赏花。花是有它们自己的语言的，你闭上眼睛想象你也是一朵花，和花儿们聊天，便会听到花的秘密。

王卓宸

我把我的秘密全都告诉了花儿们，花儿们告诉我它们是花仙子。

吴欣忆

女儿今天用相框收集了好多花朵，口齿不清地念着花的诗句，我觉得很惊讶，我的女儿这么小就有诗意了。自然的巨大价值需要有智慧的父母去发现。

悠悠妈妈

孩子们捡花，压花，与花说话，躺在花瓣上闭眼想象，天真极了，听他们与花对话，我也好像看见了自己内心深处的"小孩"。

王卓宸妈妈

到家后，儿子迫不及待地把今天的"花之文"一气呵成地写完了，里面记录着他的发现、他的观察和真实的感受。这样的自然活动也让我思考：只有允许孩子去发现、去观察、去聆听、去触摸、去感受，孩子才能建立与自然、与他人、与自我的联系。和孩子一起在自然中释放天性，坚定了我日后的教育方向。

郑淏妈妈

第五章

天马行空的
思维敏感期

自然物语

树根的力量 —— 自然感悟

　　大自然中有很多大树，你知道它们是怎么长成的吗？它们靠什么吸收养分长高长大？树根一定是长在地里的吗？树根有哪些力量？你是否见过特别的树根？带着这些问题，我们一起去大自然探索树根的秘密吧！当孩子全身心地投入去观察一棵树，或一朵花，或任何一种自然事物时，他们可以从大自然中汲取力量，得到启发，产生感悟。自然是生物的，自然是文学的，自然是哲学的，自然是艺术的，自然是音乐的……让孩子从不同的角度了解自然，认识自然，有属于自己的心得体会。

材料和工具

1. 放大镜、彩笔、纸。

2. 手机或相机。

活动过程

① 引导孩子用"视""听""触""味""嗅"五感法来观察树根，用笔画出树根最有特点的部分。

② 让孩子们围坐在一起，互相说说自己观察到的树根的特点。

③ 请孩子们提问，爸爸妈妈们可以根据搜索到的知识，和孩子们讲一讲，如果能邀请到生物老师现场讲解就更好了。

④ 和孩子们讨论一下文学中的树根精神。

◈ 活动拓展

　　选择当地有特点的树开展活动，从不同的维度来了解树根，比如生物学中的树根、文学中的树根精神、树根的艺术创作等。

⟁ 知识链接：自然感悟

　　当孩子全身心投入去欣赏一棵树、一朵花，或任何一种自然事物时，他们会从大自然中汲取力量，产生很多的感悟。自然是生物的，自然是文学的，自然是哲学的，自然是艺术的，自然是音乐的……这些自然感悟会带给孩子全新的体验。

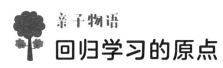

亲子物语
回归学习的原点

榕树的根像老爷爷的胡须，它的根非常有力量，所以经常用顽强的生命力向下扎根、向上生长，人们也常常用默默奉献来形容树根精神。

吴宇桓

我抓了一把榕树根给六仔哥哥当小辫子，哈哈。

罗语晨

我今天带了儿童显微镜，大光叔叔带着小朋友们制作、装片、观察树叶的气孔，哇，原来树叶的气孔是这样子的！它可以帮助树叶排水。

王卓宸

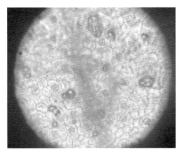

　　我一把抓住从榕树肚子上长出来的根爬了上去，生物老师说这是"气生根"，就是空气中长出来的根。

李明远

　　我是高中生物老师，也是孩子们口中的"大光叔叔"，和六仔妈妈一起组织大自然亲子活动，小朋友们的回答聪明有趣。作为老师，我得用浅显的语言给他们讲清楚生物学中的树根知识；作为两个孩子的爸爸，我得耐心陪伴她们，让她们在大自然中快乐成长。

王增光

　　大光："榕树上的胡须是什么？"

　　小朋友们："树枝。"

　　大光："这不是树枝，是树根。"

小朋友们："树根不是长在土里吗？"

大光："这是气生根，可以落地生根成树。"

小朋友们："太神奇了！"

大光："树根有什么作用？"

曾圣懿："喝水！"

杨礼诚："树根喝的水到哪里去了？"

曾圣懿："尿出去了，哈哈！"

大光："对，还有你的汗水从哪里流出来？"

曾圣懿："毛孔。"

大光："你们太聪明了，从树根吸水到气孔排水，有始有终，完美。我们可以看下显微镜下的气孔，你们就更明白了。"

大光叔叔和孩子们的对话

"树根的力量" 观察记录

姓名: _____ 年龄: _____

表达力: ☆ ☆ ☆ ☆ ☆   创造力: ☆ ☆ ☆ ☆ ☆

任务一: 用你的五感认识树根。(不会书写的孩子可以说,
请爸爸妈妈帮助记录)

我听 _____

我看 _____

我闻 _____

我尝 _____

我触 _____

任务二: 查资料,画出根吸收水分的路径简图,
说说树根有哪些精神。

第六章
和孩子一起成长

自然物语
菌菇世家 —— 自然日记

如果外面雨水滴答不停，小朋友们大概率就只能在家里玩儿了。但其实雨天也会带给我们许多惊喜，比如蘑菇。在雨中采摘蘑菇，接触自然的感觉非常美妙。如果你想培养孩子细致的观察力和耐心，还可以和孩子一起种植蘑菇，连续观察，写出最棒的自然日记。

材料和工具

1. 网购菌菇包。

2. 雨伞、雨衣、雨鞋，

多备几件衣服。

3. 手机或相机。

活动过程

① 雨后找到一片草地，带孩子们寻找蘑菇，注意区分毒蘑菇。

② 如果周围不容易找到蘑菇，爸爸妈妈可以购买菌菇包，并且事先藏在草丛里或者大树下，引导孩子去寻找并采摘。或者在家里用菌菇包种植蘑菇，让孩子观察它的生长过程。

③ 大一点的孩子可以写观察日记，小一点的孩子可以画画记录。

活动拓展

　　也可以种豆芽、小白菜等生长期短的植物。采摘下来的蘑菇（当然是无毒的），长成的豆芽，可以让大一点的孩子试着做一盘美味的菜，这是最好的劳动教育。

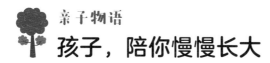

亲子物语
孩子，陪你慢慢长大

蘑菇炒肉是道不错的菜，我最拿手的是孜然炒蘑菇，像烧烤的味道。

王卓宸

蘑菇弟弟、蘑菇妹妹一下子长大了，长成了蘑菇妈妈，又生下了蘑菇弟弟和妹妹。

吴欣忆

下了好多天的雨，我到公园草地上摘到了好多的水晶蘑菇宝宝。

罗语晨

下雨天，如果不是好友约着来采蘑菇，孩子最后只能在家沉溺于各类电子产品。跟随大自然成长的不只是孩子们，还有我们这群陪伴的家长。

马轶泽爸爸

蘑菇成长记：短短几天就能品尝到自己的劳动成果，孩子们说味道特别鲜美，果然是娃自己亲手种的，味道不一样。

杨礼慈妈妈

第七章
与 "生命" 谈心

自然物语
寻找蝉蜕 —— 生命对话

遇到一只蜗牛、一只蚂蚁、一只蚜虫，你是否会停下脚步观察它们的行动轨迹？在立夏时节，你是否有观察到树干上的蝉蜕下的壳？你是否想过生命的长短，思考过生命的意义？让我们带着孩子一起去大自然中感受生命的律动与蜕变！

材料和工具

1. 昆虫盒或其他透明容器、画笔、放大镜、夹板或者硬纸板（方便小朋友画画、写字）。
2. 手机或相机。

活动过程

① 和孩子一起去户外寻找蝉蜕，树上、草地上都可能有。找到蝉蜕后把它们放到昆虫盒或其他透明容器里，比比谁找到的多。

② 用放大镜观察蝉蜕，仔细看看它的特征，摸一摸它，看看会发生什么。

③ 与蝉蜕深度对话，问问这个小生命：你住在哪里？你一直是这个样子吗？你有什么特点？你经历了什么？你有故事要告诉我吗？

④ 画一画你看到的蝉蜕。

⑤ 爸爸妈妈可以提前了解蝉的生命成长过程，和孩子聊一聊"蝉的一生"。

⑥ 和孩子一起读一读关于蝉的诗和文章（提前准备好书籍或文档带到户外）。

　　可以根据季节开展观察大自然中小生命的活动，蝴蝶、青蛙、蚂蚁、蜗牛等都可以成为孩子们的研究对象，让孩子们在自然里与它们亲密接触，与它们进行深度对话，更深入地了解它们。孩子们可以提出自己想问的问题，然后根据你了解到的知识，想象如果你是它，会怎么回答。

与"生命"谈心记录

姓名：＿＿＿＿　年龄：＿＿＿＿

观察力：☆☆☆☆☆　表达力：☆☆☆☆☆

去树林里寻找蝉蜕，和你找到的这个"生命"进行交流，把自己想象成这个"小生命"，回答以下问题并把答案记录下来：

1. 你几岁了？＿＿＿＿＿＿＿＿＿＿＿＿＿＿＿＿＿＿

2. 你从哪里来？＿＿＿＿＿＿＿＿＿＿＿＿＿＿＿＿＿

3. 你一直是这样吗？＿＿＿＿＿＿＿＿＿＿＿＿＿＿＿

4. 你以前在哪里生活？＿＿＿＿＿＿＿＿＿＿＿＿＿＿

5. 你吃什么？＿＿＿＿＿＿＿＿＿＿＿＿＿＿＿＿＿＿

6. 在你的生命中，你经历过什么呢？＿＿＿＿＿＿＿

＿＿＿＿＿＿＿＿＿＿＿＿＿＿＿＿＿＿＿＿＿＿＿＿＿

7. 你对别的生命有什么帮助呢？＿＿＿＿＿＿＿＿＿＿

＿＿＿＿＿＿＿＿＿＿＿＿＿＿＿＿＿＿＿＿＿＿＿＿＿

＿＿＿＿＿＿＿＿＿＿＿＿＿＿＿＿＿＿＿＿＿＿＿＿＿

"寻找蝉蜕" 观察记录

姓名: _____　年龄: _____

观察力: ☆☆☆☆☆　表达力: ☆☆☆☆☆

任务一: 仔细观察蝉蜕，它是什么样子的?
请你画出来，和大家说一说蝉蜕的由来。

任务二: 说一说蝉的一生，它的生命故事对你有什么启发?

故事:

启示:

亲子物语
一次关于生命的思索

它们很脆，我还得小心翼翼地把它们捉下来。

曾圣宸

我回家把与小伙伴们捉蝉蜕的快乐情景画了下来：蓝天、白云、夏风，小鸟妈妈衔着小虫子回到鸟巢，刚出生的小鸟开心地张着嘴，等着被投喂，孩子们指着树干上的蝉蜕，开心地聊天。

曾圣懿

今天和孩子们一起去寻找蝉蜕，孩子们亲历知蝉蜕、寻蝉蜕、观蝉蜕、画蝉蜕、品读蝉，感悟生命，了解了蝉的一生，感叹蝉的一生！

赖绎心爸爸

女儿拿放大镜观察它，还和这个小生命对话，带着她和小伙伴读《蝉》这篇文章，我也更了解这个小生命了。

罗语晨妈妈

那边，孩子们在积极地寻找蝉蜕；这边，妈妈们聊起了天。懂中医的妈妈说，蝉蜕可以入药，功效还不少，宣散风热，透疹利咽，祛风止痉。还有妈妈聊起了收集蝉蜕换零花钱的童年往事，一时间，大家聊得很开心。孩子们与"生命"对话，日后他们想起来也是一次美好的生命思索。

曾圣懿妈妈

与对生活充满情趣的陈老师相比，我是一个对自然界鲜活生物毫无共情能力的工科男，厌恶各种虫子。可我的女儿似乎一点都不怕，还与蝉蜕对话，对话内容有趣又深刻。

马轶泽爸爸

第八章
色彩的秘密

自然物语
夏之色彩 —— 儿童涂鸦

　　孩子喜欢乱涂乱画，喜欢"即兴创作"，拿起"笔"，只要高兴，什么地方都可以"作画"，雪白的墙壁就是他们最好的画布，父母们也许会因此头疼不已。可这是孩子观察力、想象力、创造力的开始。我们到户外去作画，就会解决这些烦恼，孩子会获得来自大自然的灵感，爸爸妈妈也有机会一探孩子内心的色彩秘密。

材料和工具

1. 可以画画的透明雨伞、白布、纸等，也可以网购其他材料当作"画布"。

2. 各种画笔、丙烯颜料、不同颜色的植物、石头或者锤子。

3. 相机或手机。

活动过程

① 选择一个宽阔的草坪，铺上白布，或者把透明雨伞放在草坪上，摆好颜料。

② 大一点的孩子可以让他们自己制作颜料。采集各种颜色的植物，用石头或者锤子碾碎，加上一点水，就能得到很天然的颜料。

③ 布置好画布、画笔和颜料后，让孩子尽情地涂鸦。

④ 我们只需把孩子的作品稍加装饰或包装，就是一件不可多得的艺术品。比如，把孩子们的涂鸦作品用相框装裱一下。

⑤ 鼓励孩子表达，让他们说说自己的涂鸦作品。

◈ **活动拓展**

可以设定一个主题，让孩子围绕这个主题进行涂鸦，比如当地有特色的景物，让孩子们观察后画上去。孩子们画得好不好不重要，重要的是他们能开心地进行艺术创作。也可以让孩子们用树叶、树枝、花朵蘸上颜料涂鸦。

⚛ 知识链接：儿童涂鸦

涂鸦是儿童表达心情和思考的重要方式，是一种非常形象的语言。对于儿童来说，绘画是一种游戏，获得快乐就是最大的收获。儿童对色彩的选择，以及涂鸦的方式，就像一面镜子，也让我们从中可以看到孩子的情绪和情感。

解密儿童内心世界

妈妈，我的小手会画画，雨伞上全是我的小手掌。

王一心

小雨伞，朵朵在下面躲一躲。

王一朵

把树叶和花朵弄碎，在大白布上染上绿色和红色，呀，我的蓝裙子也染上了颜色。

刘书瑶

我在我的雨伞上画了两只抱抱猫，还用棉签点了一棵树，我要打着我画的伞上学去，同学们一定很惊讶。

王卓宸

孩子们在白布上完成了创作，又不知疲累地跑到周边去找不一样的树叶，捣碎后再接着画。我的女儿画了很多小黑点和绿色的叶子，她说她画的是用树叶给小蚂蚁搭的小棚子，她担心小蚂蚁太热了。太可爱了!

刘书瑶妈妈

　　我参加了今天的亲子活动,太值得了。我自己也了解了色彩的秘密,原来不同的色彩代表不同的性格、不同的心情,色彩心理学让我学着解密孩子的内心世界,让我更了解我的孩子。

吴欣忆妈妈

第九章

真正的诗意
来自自然

自然物语

凤凰花开——童诗创作

不知你是否留意过那如火焰般的凤凰木，是否会驻足观赏，或者写下只言片语？带着孩子，一起去仰望凤凰树吧，捡拾飘落的花瓣，让孩子写上一首小诗吧。孩子天生就是诗人，他们的童言童语天真、质朴、充满生机与活力，经常带给我们惊喜。把这些语言用诗的形式排列，便是一首优秀的童诗。诗歌创作是培养儿童语言表达最好的方式。

材料和工具

1. 纸、笔。

2. 相机或手机。

活动过程

① 选择凤凰树比较多的公园，也可以选择当地有特色的植物，让孩子仔细观察其特点。

② 与孩子对话，你看到的凤凰花是什么样子？花瓣有什么特点？是什么颜色？会让你想起什么？

③ 把孩子说的话记录下来，最好是录音，然后让孩子把自己的话用诗的形式排列好。

④ 大点的孩子可以写下来，与小伙伴相互交流展示，我们会发现很多小诗人诞生了。

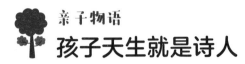

亲子物语

孩子天生就是诗人

美丽的凤凰树

杨礼诚　8岁

凤凰树

万条垂下

花瓣

像美丽的羽毛

像一把小扇子

树叶

像含羞草

稀疏排列

凤凰树旁

榕树、石头、花和草

还有一条红色的小路

翠绿的、鲜黄的

竹子

直直地站立着

好像在对我们招手微笑

凤凰花开

王卓宸　8岁

走进喧闹的公园

踏过青青的草地

坐下

仰视

火一样的凤凰花

高大

茂盛

羽毛一样的树叶

花瓣如火团一般

红色

吉祥

幸运

凤凰花开

杨礼慈　8岁

炎热的夏天

吱吱的蝉叫声

高大的凤凰树

鲜艳夺目

血红血红的花瓣

像凤凰的翅膀

挂在树上

像一顶顶凤冠

寓意吉祥

叶子像含羞草

像羽毛

凤凰花开

欢乐多

凤凰花

黄子铭　8岁

很大

很老

树叶像凤凰羽毛

花瓣

有的红

有的橙黄

落在地上

捡起

小伙伴们

欢笑

向凤凰树许个愿

曾圣懿 8岁

妈妈对我说

孩子，别淘气

你看那边

那棵树

哦，是的，我看到了

树枝像凤凰的身体那样强壮

花儿像凤凰的冠

火红的，像血一样

叶子就是凤凰的翅膀

像飘逸的云

美而优雅

高大的凤凰树

就像巨人

弟弟说，

他好像听到了凤凰的叫声

我笑了

凤凰是一只神兽

它喜欢站在高岗上

平时是温顺的

遇到危险的时候便会变得凶猛

可是，弟弟呀，

凤凰我可是一次都没见过

在南方无忧无虑地生长着的

凤凰树呀

我希望你真的有一天生出凤凰

让我听到它们的欢叫

让这些象征吉祥的凤凰

能赶走全世界所有病毒

凤凰花开

郑溪　8岁

两棵凤凰树

站在公园前

树上开满凤凰花

高大

青葱

橘红

凤冠寓意

吉祥

凤凰涅槃

重生

坚强

破了洞的伞

李明远　6岁

凤凰树

长得像一把破了洞的大伞

周围掉落下来的花瓣

像红色的羽毛

高大的树木

让我想到了破烂雨伞

美丽的公主

赖绎心　8岁

漂亮的凤凰树

火红的凤凰花

像我鲜艳的红裙子

那凤凰树

像一位美丽动人的公主

正在梳妆打扮

准备参加期待已久的仪式

期待与王子一起跳舞

第十章
孩子的心都是灵的

自然物语

水中花，雨中画——物理游戏

落花流水，这个意象那么富有诗意，总带给我们美好的感受，让我们带着孩子一起来营造这份美好吧。把纸花放在水中，让其绽放；在雨中作画，让大自然绘制独特的"花朵"！

材料和工具

1. 白纸、彩笔、蜡笔、
剪刀、水、盆。

2. 相机或手机

活动过程

① 在白纸上画几朵花，涂上色彩，用蜡笔更好，因为这样在水中不容易褪色。

② 用剪刀把花朵剪下来。

③ 将彩色纸花的花瓣往中间位置折起，变成一朵花苞。

④ 将折好的花苞放入池塘、小溪或水盆中，过一会，就能看到花苞缓缓绽放的样子。

⚙ 活动拓展

　　如果是在下雨天，可以让孩子在雨中画画，将白色棉布放在地上，再涂上色彩，或者直接把颜料倒在白布上，任由雨水滴在上面，看看大自然会创作出怎样的作品。晾干后再用画框或相框装饰一下，谁说不是一幅艺术画呢！

⋔ 知识链接：物理游戏

　　"水中花""雨中画"都是物理学中的毛细现象。纸张的主要成分是植物纤维，当水渗入纸张中的纤维，纤维便

会膨胀，花瓣就绽放了。棉布中也有纤维，所以布染上色彩，色彩便会不断渗透、晕散开来。

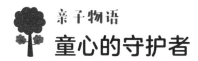

亲子物语
童心的守护者

哇，我的纸花在水中开了。

吴欣忆

我观察到花瓣多的花朵在水中开起来更好看，花瓣慢慢地张开，就像含苞待放的鲜花，这就是物理学中的毛细现象，真是有趣。

王卓宸

外面下雨了，两个孩子在家不是吵着要看手机，就是打闹，我的头都要炸了。六仔妈妈约我们去雨中画画，孩子们兴奋极了，好奇心一下子被激发出来。孩子们穿着雨衣在雨中泼颜料、画画，开心极了，妈妈们看着又轻松又开心。我要把他们的艺术创作收藏起来，这可是对孩子们童心的守护和珍藏。

吴欣忆妈妈

水池边、小溪旁，都是孩子们最喜欢的地方，玩水是孩子们的天性。"水中花"真是个不错的游戏，科学与艺术的结合，孩子妈妈太有创意了。

王卓宸爸爸

原本在纸上画的花朵，放入水中却神奇地绽放了，朵朵纸花像是有了生命，有的争先恐后，有的却要许久才能慢慢舒展开来……每一个孩子都是一朵花，只是花期不同而已，只有静待花开，才能等到精彩绽放的时刻！

赖绎心爸爸

第十一章
游戏与孩子
如影随形

自然物语

好玩的影子 —— 光影游戏

你的影子有时与你形影不离，有时它也会消失，想想这是什么原因。选择艳阳高照的日子和孩子一起出门，可以在太阳底下玩影子游戏，我们可以摆出各种影子造型，还可以与小伙伴们一起踩影子……总而言之，这是个可以激发孩子的好奇心，又可以进行科学思维启蒙的趣味游戏。

材料和工具

1. 夹板和画笔。

2. 相机或手机。

活动过程

① 选择晴朗的天气，到空旷的草地开展这项活动。

② 和孩子讲讲太阳和影子，和他们聊聊影子是如何形成的。

③ 鼓励孩子发现周围事物的影子，可以投影在白纸上，用画笔画下来。

④ 摆出各种好玩的姿势，可以辅助拿一些物品形成各种造型。

⑤ 与爸爸、妈妈、小伙伴一起追逐影子。

⑥ 玩完游戏后，爸爸妈妈和孩子一起说说影子的形状、大小、特点，自己是如何创作出来的。

⑦ 听孩子讲讲"我和影子"的故事。

活动拓展

1. 晚上关上灯，摆上一些高低不同的物品，用手电筒当太阳，观察手电筒照射下的影子。

2. 也可以用粉笔帮孩子在墙上或地上勾画出影子，过一段时间后，再让孩子试试还能不能完全"躲进"刚才勾出的影子里，请孩子想一想，这是为什么。

3. 大一些的孩子，可以给他讲讲古人利用太阳与影子的关系记录时间的故事，也可以引导儿童查阅资料，讲讲物理学中"光与影"的浅显知识。

知识链接：光影游戏

影了游戏看似简单，其实涉及艺术审美、语言表达、光的直线传播等方面的知识。我们的目的也不是向孩子灌输各种学科知识，而是在游戏中引导他们积极进行艺术创作，有自己的审美，进行科学思维的启蒙，积累一点科学经验，最后鼓励孩子用语言表述故事，锻炼语言组织和表达能力。

亲子物语
与自然相约，与快乐同行

又到了每周亲近大自然的时光，今天自然物语亲子活动的主题是"有趣的影子"。从了解影子、认识影子开始，经历了寻找、发现影子，设计、追逐影子，用彩笔涂画影子，最后讲述了小公主和影子的故事。

赖绎心爸爸

我和明远通过观察花、草、树木等的影子，踩影子，知道了影子是怎么形成的，再把影子画出来，再说说"我和影子的故事"，这个活动简直棒极了！

李明远妈妈

　　一群志同道合的家长们相约一起度过的这段时光，一定
会在茸茸心中留下快乐的影子！而且每个家庭互帮互助，也
可以弥补我这个爸爸工作忙不能陪伴孩子的缺憾，家庭间的
互助育儿，也会缓解女性的育儿压力，舒缓妈妈的情绪。

毛茸茸爸爸

　　小朋友们在一起叽叽喳喳说着一天中不同时段的影子，
三岁多的茸茸对时间以及东西南北还没有什么概念，但因为
刚才的影子游戏，茸茸循着自己的观察，竟然辨认出了十点
多时影子的图像。感叹好友的育儿创意，以后我也要多与自
然相约，这样快乐也会与我们同行。

毛茸茸妈妈

　　语文＋物理＝"影子的故事"＋"光的直线传播"，寻找、
发现影子，设计、追逐影子，画出影子，表述影子的故事。
影子在物理学里是光的直线传播，在文学里是温馨的亲情和
温暖的陪伴，还有小朋友们的童真童趣。

王卓宸妈妈

第十二章
用孩子的眼睛看世界

自然物语

敲染拓印 —— 自然印染

大自然的美千姿百态，把植物印染下来，能更长久地留存自然之美。孩子天马行空的想象力让这些植物印染产生奇妙的组合，变成一幅幅精彩绝伦的作品。你是不是想马上行动，和孩子一起体验美好的印染时光？

材料和工具

1. 各种叶脉清晰的树叶、鲜花等自然材料。

2. 垫板、透明胶、小锤子、白色棉布、白色小手帕和白色布袋均可。

3. 相机或手机。

活动过程

① 和孩子们一起去大自然中采摘五六种纹理明显的树叶或颜色鲜艳的花瓣。

② 把孩子们聚集在一起，让他们各自说说接下来想设计怎样的植物图案。

③ 把手帕平铺在垫板上，再放上植物，植物背面朝上。

④ 用透明胶把整个植物固定在手帕或白布上，这样可以避免植物移位或被锤烂。

⑤ 用锤子把植物都锤打一遍，用力一点，因为要破坏植物的细胞才行。（请爸爸妈妈帮助小宝贝完成，以免伤到宝贝的小手。）

⑥ 把手帕或白布翻一个面，看到没有染上颜色的部位，再用锤子仔细敲打一遍。

⑦ 揭开透明胶，好看的植物敲染作品就完成了。

温馨提示

选择鲜嫩多汁的树叶和花朵，敲染起来不用太费力，当然也不要太多汁，会浸染手帕。狼尾蕨、蓝雪花、长春花、四叶草等植物敲染出来的颜色都很漂亮。

活动拓展

可以和孩子设计各种各样的植物拓染成品，比如小手提袋、T恤等，都可以拓染。还可以在植物的正面涂上丙烯颜料，也会形成不一样的拓印图案。

知识链接：自然印染

　　自然印染分为矿物印染和植物印染。我国的印染技术有着非常悠久的历史，古人很早就学会从植物当中萃取颜料，染在服饰上。和孩子一起在大自然进行敲染拓印，让他们感知植物敲染的乐趣，了解传统的印染技术，也是一次非常好的中华优秀传统文化的教育。

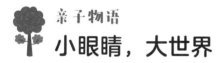

亲子物语
小眼睛，大世界

　　今天，我们搞破坏，把花花草草暴打了一顿，把它们的汁敲打出来了，然后白色的小手帕就有了颜色，妈妈觉得我是个小小设计师。

王卓宸

　　黄色的花朵、绿色的叶子，我把它们印在了手袋上，小手袋一下子变美了。我背着自己印染的小手袋去外面玩了，放学时还有小姐姐问我在哪买的，我心里得意极了。

吴欣忆

　　我把长春花、蓝雪花、狼尾蕨印在了白色棉布上，我用它做成了漂亮的头巾戴了起来，爸爸认为我美丽极了。

马钺泽

　　之前的我，以为带着孩子去海滨公园走一趟，在游乐园里玩一遍就是亲子陪伴了；以为带他们去看看花花草草就是培养审美了；以为在海边泡泡海水挖挖沙就是拥抱大自然了。直到我的发小陈老师邀约我们参加自然活动，我才知道什么是欣赏、回归大自然，我们大人也好像回到了自己的童年。

马钺泽爸爸

　　一顿锤锤打打，就敲染出了一件件艺术品，孩子们小小的眼睛里有大大的世界。

王卓宸爸爸

第十三章

文化滋养孩子一生

自然物语
与竹相遇 —— 自然文化

在你家小区或附近的公园里，是不是有各种各样的植物？有没有某种你特别喜欢的植物，你尝试过深入了解它吗？比如，带着孩子与植物中的谦谦君子 —— 竹相遇、相知。

材料和工具

1. 提前准备好关于竹子的相关知识内容，打印成文档。

2. 画笔、墨水、白纸。

3. 相机或手机。

活动过程

① 到当地植物园或公园的竹林，用听、看、闻、尝、触五感法观察竹子。

② 活动前可以搜索不同类型的竹子图片，提前打印出来。

③ 让孩子带着图片去公园里寻找，看是否能找到图片中的竹子。

④ 让孩子用自己喜欢的方式（简笔、吹墨等）画出他观察到的竹子。

⑤ 用提前准备好的关于竹子的诗词、文化背景、历史故事等内容跟孩子聊一聊。

活动拓展

可以用当地特有的植物来替代竹子，与孩子一起探究这种植物的特点与文化内涵。这个活动四季都可以开展，在不同的季节观察不同的植物，会有不同的体验。

知识链接：自然文化

梅、兰、竹、菊被称为"四君子"，松、竹、梅合称"岁寒三友"。在中国传统文化中，很多植物会延伸出特定的文化内涵。在大自然中让孩子观察、接触这些植物，了解每种植物的特性及其特有的文化内涵，不仅是自然教育，也是文化教育。家长可以在网上搜索资料做好功课，或者请教孩子的生物老师，帮助孩子了解植物、了解大自然、了解中国的传统文化。

竹笋

佛肚竹

黄皮绿筋竹

龟甲竹

绿皮黄筋竹

方竹

斑竹

紫竹

"与竹相遇" 自然文化

姓名：＿＿＿＿＿＿　年龄：＿＿＿＿＿＿

观察力：☆☆☆☆☆　表达力：☆☆☆☆☆　创造力：☆☆☆☆☆

任务一：用你的五感认识竹子。

我听 ＿＿＿＿＿＿＿＿＿＿＿＿＿＿＿＿＿＿＿＿＿＿＿

我看 ＿＿＿＿＿＿＿＿＿＿＿＿＿＿＿＿＿＿＿＿＿＿＿

我闻 ＿＿＿＿＿＿＿＿＿＿＿＿＿＿＿＿＿＿＿＿＿＿＿

我尝 ＿＿＿＿＿＿＿＿＿＿＿＿＿＿＿＿＿＿＿＿＿＿＿

我触 ＿＿＿＿＿＿＿＿＿＿＿＿＿＿＿＿＿＿＿＿＿＿＿

任务二：画一画你观察到的竹子。

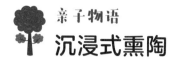

亲子物语

沉浸式熏陶

　　我经常看到竹子，但从来没想过原来它有好多好多的传说和故事。

杨礼诚

　　很多诗人都喜欢写竹子，很多画家也喜欢画竹子，我用墨水吹出了竹子，真不赖！

李明远

　　斑竹上面的黑斑是娥皇和女英想念丈夫流下的眼泪，为什么我的眼泪滴到竹子上不会变黑呢？

杨礼慈

　　今天参加活动的有一个特别厉害的语文老师，给我们讲了竹子的诗词、传说、故事、精神，小小竹子大大的内涵！

吴宇恒

有个小哥哥真的要吃竹子，六仔哥哥说只有熊猫才喜欢吃竹子，我们可以吃竹子的宝宝——竹笋。

吴欣忆

今天我们看竹、听竹、闻竹、尝竹、触竹、画竹、读竹、品竹，一个惬意凉爽、富有文化气息的上午。

罗语晨妈妈

我们一直倡导传统文化，这样以自然为主题的沉浸式文化熏陶，孩子边玩边体验，文化自然进入孩子心中。

王卓宸爸爸

孩子们坐在竹林里，边看边画边思考，顿时整个世界都安静了。这样静静的亲子时光太好了。

吴宇桓妈妈

第十四章

幸福力，创造力

自然物语

户外手工 —— 自然编织

你有没有想过，大自然凋落的花朵、干枯的树枝、掉下的松果……都可以编织成美丽的艺术品？孩子们，我们一起去公园编织自然吧，再为自己的艺术品命名，你看，"流星锤""春天的花海""心灵花束""满园花架""花的王冠"……孩子们取的这些富有诗意的名字是不是让我们惊叹？自然编织赋予孩子无限的想象力和创造力。

材料和工具

1. 细麻绳或纱线、剪刀、卷纸筒、硬纸板、热熔胶、双面胶。

2. 树枝、藤蔓、花朵、叶子、松果、羽毛、狗尾草等。

3. 相机或手机。

活动过程

① 选择一个开阔的自然公园，和孩子一起去捡用来编织的物品，比如树枝、藤蔓、花朵、叶子、松果、羽毛等。

② 和孩子一起把树枝摆成自己喜欢的图形，如正方形、长方形、三角形、五角星等任意形状，用细麻绳或热熔胶固定交叉的角。

③ 整个框架做好之后，就可以开始编织了。你和孩子可以尽情探索，把捡来的自然物品加入框架中。

④ 也可以用硬纸板剪成你喜欢的形状，圆形、三角形等，用细麻绳一圈一圈地缠绕粘贴做成底盘，再用热熔胶或

者双面胶把自然物品粘在底盘上。

⑤ 还可以用细麻绳装饰一下卷纸筒，把花朵、树枝插入筒中，做成花筒。

⑥ 让孩子们试着为自己的自然编织作品取一个名字，说一说为什么取这个名字。

⑦ 把自然编织作品带回家，作为家里的装饰。

⑧ 还可以进行自然观察，带回家的那些编织物品发生了什么变化？

🔍 活动拓展

1. 自然编织的框架材料是可以重复利用的，如果有新想法时，只需要把上面的自然物品拿下来，重新选取其他材料来创作新的作品。

2. 如果条件允许，还可以用大的树桩、树干搭建森林木屋，孩子们可以在里面休息、看书。

知识链接：自然编织

自然编织是非常好的亲子互动活动，用自然当中的物品进行创造，能训练孩子的手眼协调能力，锻炼手部肌肉。同时，自然编织活动还能极大地激发孩子的创造

力，因为自然材料是多样的，大自然能提供海量的素材供孩子们自由发挥。

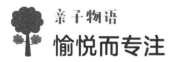
亲子物语

愉悦而专注

妈妈，我不把花儿编起来，它们会疼的。

王一心

看我的风火流星锤！

王卓宸

我用两根小木棍、几个小松果，做了一个植物风铃，在手里荡来荡去，可好玩了！

杨礼诚

我用麻绳做了一个圆圆的底盘，选了一些花朵、麦秆和千日红粘在上面，好看极了！我带着今天创作的自然艺术品回到家中，把"圆盘干花"和"田园花架"作品摆放在阳台的花园里。妈妈说，与花园里的藤蔓、原色花架搭配在一起，非常富有田园气息。

罗语晨

我会因为小葡萄不认真写字而气恼，会因为她不能坚持弹古筝而焦急，但是在自然中，小葡萄专注而认真的神情令我动容。有时，我也会为她的内敛、不爱表达而失落，可当孩子们要上去为自然编织作品命名时，小葡萄自信、童真的表达是令我欣喜的。

小葡萄妈妈

第十五章
令人惊喜的想象力

自然物语

树叶创意画 —— 自然美术

落叶用绚烂的凋落为自己的生命画上了句号，给我们带来了最璀璨的秋景。在某个秋高气爽的日子里，带着孩子们一起欣赏秋叶之美，用落叶和花瓣创造自然美术作品，用这样的方式留住秋天，留住美好。

材料和工具

1. 落叶、树枝、花瓣等自然材料。

2. 水彩笔、蜡笔或彩铅、白纸、卡纸、胶水、双面胶。

3. 相机或手机。

活动过程

① 和孩子们一起去公园里捡树叶，尽量选择纹理明显、颜色丰富的树叶或花瓣。

② 让孩子们说说自己捡到的叶子的颜色、形状等特点。

③ 根据自然材料的特点，和孩子一起把它们粘贴成有趣的树叶创意画。

④ 引导孩子仔细观察，发挥想象，让孩子用画笔补充画面，形成独具个人特色的美术创意画。

⑤ 也可以先在纸上画出喜欢的图案，再用自然材料去装点。

⑥ 最后，请孩子们说一说自己创作的作品，创意的来源、创作的过程或者隐藏的故事。

活动拓展

　　这个活动也可以在不同的季节重复开展，可以根据不同季节中不同的自然材料进行美术创意画的创作。每次可以选定一个主题，让孩子们收集与主题相关的材料创作，不仅可以作画，还可以用树枝等材料来搭一个小建筑。

亲子物语
蹲下来陪孩子一起看世界

我今天做了《秋日里的公主与蝴蝶》树叶画,彩色的蝴蝶,大大的翅膀,可以飞去很远很远的地方,她会看见很多的宝石和花朵:蓝色的、红色的、紫色的。公主和她的伙伴美人鱼也出来了,她们与蝴蝶快乐地玩耍。

赖绎心

你看,这个树叶画小女孩像不像我?

吴欣忆

小狐狸跑啊跑啊,秋天,它跑不动了,呆呆地坐在那里晒太阳,懒懒的。

刘书瑶

小女孩眼中的秋天是什么样子?她捡来树叶和花瓣,她用自己喜欢的方式表达秋天的样子,还要在上面涂鸦,在画里面注入更多自己的想法,"蝴蝶和公主"——这就是她眼中秋天的样子!

赖绎心爸爸

"妈妈，枫叶好像金鱼的尾巴，我做了红色、黄色、绿色三条金鱼，但是，你知道吗？它们本来都是绿色的，秋天到了，叶绿素崩解了，取而代之的是胡萝卜素、叶黄素以及花青素，所以，秋天有不同颜色的树叶，而且每一片叶子都是独一无二的，在大自然中我们找不到一模一样的两片叶子。"

"天呐，你不仅是艺术家，还是科学家和哲学家，哈哈！"

王卓宸和妈妈的对话

第十六章

爸爸的力量

自然物语

草坪球赛 —— 运动心流

不论多么简单的运动，只要能产生心流，就令人觉得乐趣无穷。尤其是爸爸带着孩子动起来，孩子们的快乐就翻倍了。

材料和工具

1. 球、得分表、自制奖牌、
自创队服。

2. 相机或手机。

活动过程

① 本次活动是爸爸和孩子的专场。选择一个宽阔的大草坪，让爸爸带着孩子们先做一下热身运动。

② 设置适合孩子年龄的趣味球赛，比如接抛球、足球比赛等。

③ 选出裁判，和孩子们说明比赛规则。

④ 开启比赛，尽情享受运动的快乐。

⑤ 为了增加仪式感，比赛结束后设置颁奖典礼。

活动拓展

可以举办迷你奥运会，设置多个比赛项目，短跑、接力、飞盘等。小一点的孩子可以设置亲子爬爬赛、两人三足等。

知识链接：运动心流

"心流"是指我们在做事情时，那种全神贯注、全身心投入的状态，在完成这件事后，我们会有一种充满能量并且非常满足的感受。当我们在做自己非常喜欢、有挑战的事情时，就很容易体验到心流，比如做你喜欢的运动。

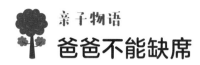

亲子物语
爸爸不能缺席

我一个跳跃，接住了球，动作帅极了。

曾圣懿

带球、传球、射门……成功闪过爸爸的防守。

吴宇桓

我们队输了，我觉得不公平，对方犯规了，而且他们都是男孩，我伤心极了。

杨礼慈

带孩子真是一件体力活，真心体会妈妈平时带娃的不易，只是一个小时的运动时间，我已累趴。不过，和两个孩子玩得很开心。

吴宇桓爸爸

无论什么运动，都能让孩子投入其中，专注而快乐地玩耍。

王卓宸爸爸

孩子的成长，爸爸不能缺席，爸爸会传递勇气、信心，孩子会变得勇敢而自信。爸爸和孩子运动起来，快乐加倍。

吴宇桓妈妈

今天是爸爸和孩子的专场，妈妈们在旁边休息、观看，这种育儿分工是个不错的做法。

赖绎心爸爸

到了颁奖环节，胜利的一队高兴地和我合影，失败的一队有的孩子却大哭起来，完全不理会我的安慰，我还没当爸爸，小朋友这一哭，让我不知所措。但他们很快就被另外一个游戏吸引，反倒是让我想了很多。对于父亲这个角色，曾经也设想过将来自己会怎样教育自己的孩子，像今天这样在运动和游戏中与孩子相处，真是不错的育儿体验，每个爸爸都应参与孩子的成长。

赵凌昊

第十七章
来自儿童心灵的声音

 自然物语

折纸与静思 —— 想象冥想

你是否非常想让自己的孩子变得有创造力，曾经也做出了很多尝试，可却没有达到想要的效果？你不知道的是，有时我们需要对孩子们"放手"，来让他们的创造力迸发，孩子们也需要"放空"，来发散思维。时常静心冥想，有助于培养孩子的静心与耐心，也为儿童发挥想象，迸发创造力充电。

材料和工具

1. 瑜伽垫、宽松舒适的服装、白纸、彩笔。

2. 手机或相机。

⚙ 活动过程

① 选择一处舒适、安静的草坪或者树林，铺好瑜伽垫。

② 给孩子一张白纸，让孩子随意折叠，在白纸上折出痕迹，越多越好，打开白纸，静心观察每一处折痕、每一个图形。

③ 在瑜伽垫上坐下来，保持舒适的坐姿，闭上眼睛。用鼻子深呼吸三次。随着每一次呼气，让身体更加放松和平静。让大脑和心安静下来，专注于当下时刻。

④ 在脑海中回忆刚才观察的折纸，想象每一处图形的样子，让这张折纸占据你的全部大脑意识，不去想其他。

⑤ 在脑海中想象折纸中每一个图形的颜色，给它们上色，想象你可以创造出什么样的画面。

⑥ 将注意力拉回来，睁开双眼，回忆刚才冥想过程中的画面。你创造了怎样的画面，有哪些颜色？

⑦ 面对先前折过的白纸，把折出的图形涂上你冥想时想象的颜色，让你的灵感在图形上流动，把你的想象变为现实的作品。

⑧ 和孩子一起交流刚才的冥想。你感觉如何？你的身体、大脑和心灵处于什么状态？

活动拓展

冥想的方式有很多种，适合孩子的还有曼陀罗冥想、运动冥想、抽象冥想，都能让孩子放松身心，从而更专注地创造。

亲子物语
慢慢想，静静听

我闭上眼静静地坐着，为白纸的每个小格子想象出颜色，想着想着，想象出一条妈妈的格子裙。

王卓宸

我把白纸折了又折，闭上眼睛开始想象，白纸上出现了很多的小人，各种颜色的，有爸爸、妈妈、奶奶、哥哥、爷爷，我睁开眼，画了好多色彩人。

吴欣忆

　　这个想象活动太有趣了，我可以安安静静地坐在那里，想象白纸上的格子的样子，有小花狗，有彩色的房子，旁边还有小火山喷发了。

罗语晨

　　原来甜甜想象创造了我们一家人，每个人都有自己的色彩，我头一次感受到静心冥想这么神奇，静静地听孩子内心的想法，让我开心极了！

吴欣忆妈妈

　　儿子折纸、静坐、想象、涂色、创作，他竟然创作了一幅"穿着格子裙的妈妈"！他的小伙伴画出了色彩人、喷发的火山、斑马、小狗、房子……每个孩子特质不同，他们天真烂漫的想象，折射出的是他们丰富的心灵。

王卓宸妈妈

第十八章
会玩的孩子
才会感到幸福

自然物语

看得见的声音 —— 自然科学

我们每天可以听到各种各样的声音，有些是大自然发出的，有些是我们人类活动发出的，声音和我们如影随形。你和孩子们探讨过声音吗？声音是怎么产生的？又是怎样传播的？我们做一个科学小游戏，让科学不再抽象，用直观的实验告诉孩子声音是可以看得见、摸得到的。

材料和工具

1. 五色米、录音机或小音响。

2. 相机或手机。

活动过程

① 选择一个远离市区的自然公园。

② 让孩子们用录音机收集大自然的声音，风声、流水声、鸟鸣等。

③ 用颜料把大米染成各种颜色。

④ 用盘子装上五色米，放在小音响的扬声器上，播放收集的大自然的声音，观察五色米的跳动情况。

⑤ 再把装有五色米的盘子，放在事先录好噪声的小音响上，观察五色米的跳动。

⑥ 让孩子说说五色米在不同的声音中有什么不同的表现。

⑦ 启发孩子思考五色米跳动的原因。

活动拓展

可以根据实际情况开展关于声音的科学实验，让孩子在实验中探索，没有比自己动手实验更有趣的了。比如做"土电话"等。

知识链接：自然科学

声音是由物体振动产生的，我们的嗓子里有个器官叫声带，当我们说话的时候，嗓子就靠声带振动发出声音，声音通过空气传播，被人们听到。在我们的实验中，录音机发出的声波传导到了盘子上，引起了盘子振动，使五色米跳起了舞！

亲子物语
自己动手更有趣

大自然的声音真美妙，轻柔的风声、叮咚的流水声、沙沙的树叶声……

吴欣忆

五色米跳着"只因你太美"的旋律。

王卓宸

城市里汽车的声音、喇叭的声音特别吵，都要把我的耳朵震聋了，这些声音我看得见，因为噪声让五色米跳起了舞。

吴宇恒

五彩的大米随着音乐的旋律，有节奏地舞动，原来声音不仅听得到，还能看得见。

赖绎心

声音与我们如影随形，我们大人早已习惯了，从未在意。与孩子在大自然中收集美妙的声音，我们大人的心也跟着沉静下来。开车回到市区，嘈杂的声音让我们回到了现实。儿子说，爸爸，声音是听得见，也看得见的，我们要减少按喇叭的次数。听到儿子这样的声音，我的心又沉静了。

王卓宸爸爸

一个小音响，一小盘五色米让孩子们玩了一个上午，真是会玩的孩子，他们感到幸福，我们大人也跟着开心。

吴宇恒妈妈

第十九章
体验比知识更重要

自然物语

手绘公园地图 —— 自然行走

　　人本是自然的孩子，应该多多回归大自然的怀抱。很多时候去不了远方，附近的特色公园也可以是孩子们的乐园。约上小伙伴，边走边看，边看边画，边画边说，自由自在地行走在大自然中，让心飞向诗与远方。

材料和工具

1. 夹板（方便写字画画），铅笔，彩笔。

2. 带好雨伞或防晒用品，穿舒适的鞋子，多给孩子备一套衣服。

3. 相机或手机。

活动过程

① 把儿童带到户外，最好是当地比较有特色的公园，开展行走观察。

② 和孩子一起计划探索公园的哪些地方，绘制好路线简图。

③ 带领儿童一起行走，边走边观察，看到有特色的建筑或地形，停下来画一画，一起说说建筑或地形的特点。（在活动前家长们要做好功课，搜集一些公园的资料，包括地形地貌的特点、建筑的特点、文化故事等。如能邀请拥有相关知识的家长一起行走就更好了，可以现场讲解。）

④ 引导儿童在路线图上画出建筑或地形的简图，鼓励儿童观察后动笔记录。

⑤ 年龄小一点的儿童，爸爸妈妈可以提供帮助，画好简图，让儿童以绘画或者符号的形式填空完成。

⑥ 集中表达、交流、分享。开展"我是小导游"的口语表达活动。

⑦ 在大自然中读读有关山水、花草的诗句。

活动拓展

　　如有条件，可以带孩子远行。远行前家长也要做好相关准备工作，如目的地相关的地理知识、文化背景等。主题行走的方式是很有价值和意义的，比如跟着课本去旅行、地图里的古诗词等。

 亲子物语

一边行走，一边探索

　　香山湖就在我家对面，今天我和小伙伴们步行一万多步，脚都走疼了，但是特别开心，原来那个厕所的外墙是用蚝壳做的，我摸了摸，还把它画了下来，设计师真有创意。我们小孩子吃蚝可以补钙，从不知道它的壳还有这么多用处。

罗语晨

　　周末，我和小葡萄姐姐设计了一个香山湖的走路图，平时走一会儿就累，要妈妈抱着走，今天边走边玩，一点都不累，还和姐姐在长廊亭里一起读了诗呢。

吴欣忆

　　妈妈又策划了一个亲子活动，边走边画，画出香山湖的旅游路线图。我还给妹妹们当了一次小导游，还当了小老师，教小伙伴们读自然的古诗，在五孔桥那里告诉大家，桥上的五孔是用来排水的，能缓解桥的压力。

王卓宸

　　该我当小导游了，我给大家讲了一个故事，美丽的天鹅和小候鸟一起游香山湖，看到了好多好多的美景，她们画了公园路线图，天鹅和小候鸟在天空中飞来飞去，给来玩的人们指路。

杜朔

今天宝贝们观察绘制香山湖二期路线图，找到八个坐标点：六角重檐亭、月门、蚝壳墙、水榭、五孔桥、六角亭、梯田、露营小镇。孩子们棒棒哒，寒风之中，走了上万步也不喊累，用自己的方式绘制独一无二的地图，路途中书声琅琅，笑语晏晏。

王卓宸妈妈

小朋友们都争当小导游，当一向不太敢在公开场合发言的儿子走上前，拿起话筒自信地向大家介绍今天依次走过的景点，分享他开心的体验时，我觉得这真是一次有魔力的活动，同伴的感染，家长朋友们的引导，竟然让不爱表达的儿子，勇敢自信地走上了舞台！

文子瑞爸爸

我以地理老师和妈妈的双重身份参加了这个活动。到了蚝壳墙，我们鼓励孩子们上前去摸一摸、看一看。孩子们摸一摸，"有点刺手""原来不是平的""为什么要用这个修墙呢？""它们怎么拼在一起的？"各种疑问需要解答，我感觉自己被需要了。和孩子一边行走，一边探索，家长们也收获满满。

文子瑞妈妈

第二十章
用眼睛去观察，用脚步去丈量

自然物语

森林拍卖会——行走销售

　　大自然提供给我们那么多"素材"，只要我们动手创作，用心装饰，就能做出独具创意的"森系"艺术品。我们可以为这些自然作品举办一个盛大的"森林拍卖会"，孩子们为自己的作品吆喝售卖，迈出勇敢的第一步。表达力、沟通力、自信力、财商能力都会得到锻炼，孩子们永远比我们想象的更优秀！

材料和工具

1. 所有自制的自然物品，比如自然书签，植物风铃，自然编织，拓印作品，压花相框，树叶创意画，自然插花，涂鸦作品，等等。

2. 商品展示台布置，绘制拍卖会海报。

3. 收款二维码，零钱，记账本。

4. 相机或手机。

活动过程

① 和孩子一起制作自然手工作品。

② 和孩子一起绘制自然作品拍卖会的海报。

③ 选择户外宽阔的、安全的场地，摆好展示台，和孩子们
一起布置展台。

④ 开始森林拍卖会，让孩子们为自己的自然作品吆喝。

⑤ 也可以让孩子们拿着自然作品行走销售，大人跟在后面
保证他们的安全即可，不去干预和帮助，静静观察和记录。

⑥ 和孩子们一起结算森林拍卖会的收入，所有收入归孩子们所有。

⑦ 孩子们一起交流打算如何支配这笔收入。

活动拓展

　　每年都可以开展一次森林拍卖会，大点的孩子完全可以走上街头独立行走销售。还可以请从事金融或会计的朋友，给孩子们开展少儿财商教育。

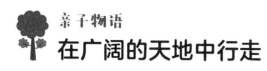

亲子物语
在广阔的天地中行走

　　我的第一桶金是 5 岁卖报纸赚了 122 元；第二桶金是卖出彩蛋 14 个，彩蛋套装 1 个，赚到了 38 元；第三桶金是在"森林拍卖会"，赚到了 50 元。没有困难的工作，只有勇敢的六仔。

王卓宸

　　六仔哥哥的广告把我逗得哈哈大笑，他说："走过路过，不要错过，不要 998，只要 99998，鲜花带回家。"最后 10 元钱卖掉了，哥哥还给他做了销售表情包。

吴欣忆

　　孩子小声向一个小朋友兜售自己的作品，结果被拒绝了，然后就不敢再尝试了。我不断鼓励也没用，最后亲身示范卖了一个，孩子终于又鼓起勇气羞涩地问了两个小朋友，还是失败了。最后吹了一上午冷风，赚了四块钱。希望这个羞涩的小姑娘能变得越来越自信大方勇敢。

罗语晨妈妈

　　小朋友每次卖出一个作品，就噢耶，太好了；每当推介失败后，就哎呀，失败了，情感很真实。我告诉小朋友，重要的是沟通推介，去了解这个世界，如果你一开口就能卖出去一个，那这件事就太简单了，成功的喜悦就没那么值得期待了。

王卓宸爸爸

　　明远成了本次活动的销售小冠军，在这整个过程中经历了害怕、被拒绝、失望，之后经过妈妈的鼓励，鼓起勇气继续销售，最后得到肯定，开心、兴奋，这真是一个非常锻炼小朋友的活动。

李明远妈妈

致 谢

~~~~~~

　　这本书的完成，首先要感谢我可爱的儿子王卓宸。因为儿子的出生，我成了一个妈妈，一个内心柔软、永葆童心的妈妈。因为陪伴儿子，我才重返大自然，因为卓宸和他的小伙伴，我才设计了一系列的大自然亲子活动，所以才写出了这本书。卓宸还为这本书提出了很好的建议，给了我很多思路和灵感。

　　感谢卓宸的小伙伴：吴宇桓、戴佳瑞、吴欣忆、马铱泽、罗语晨、王一朵、王一心、李明远、杨礼慈、杨礼诚、曾圣懿、林煜程、郑淏、赖绎心、郭乔伊、曾梓豪、刘书瑶、曾子煦、曾子桐、唐梓皓、黄子铭……没有这么多小伙伴的参与，我没有热情和动力设计这么多自然活动。

　　感谢我的先生王彦竞，在我的背后默默地支持我，全力支持孩子们的自然活动。我和孩子们需要任何东西，他都能想办法送达。而且为了使活动更有价值，我的先生还请来了他的老师朋友们：吴文、王增光、舒文娟、赵凌昊、黄海燕、陈声坤，因为有了这些优秀老师的参与，孩子们得到了财经、生物、地理、运动、摄影等方面的拓展学习。感谢董妮带来的传统剪纸技艺，孩子们沉浸其中。感谢何晓琴为孩子们带来的美术指导。

感谢我的朋友们：李冬萍、肖婵丹、杨凤、宋抒洁、马雨羿、翁丹霞、伍佩华、徐恒，感谢你们认同自然教育理念，每个周末带着孩子一起共享大自然，没有你们和孩子们的陪伴，我无法完成书中照片的拍摄。特别感谢冬萍对我无条件的信任和鼓励，感谢婵丹在每次的自然活动中，为孩子们带来的情境朗读和文字记录。

感谢梁志伟、邵小凤，你们出色的实验让孩子们爱上科学，感谢杨敏雀，你对自然植物的现场讲解，让孩子们饶有兴趣，更加热爱大自然。

感谢我的大学好友杨红梅，你在西安带着女儿巩弦歌延伸了我的自然活动，让我备受鼓舞，你的留言和对自然的感悟，拓宽了自然教育的价值。感谢我的朋友方红，你每次在朋友圈的留言让我保有自然教育的初心。感谢与我一起长大的好友马龙，带着太太和孩子全身心投入自然活动中，并为我们的自然活动贡献材料。

感谢董妮、赵凌昊、伍嘉莉、王增光、吴文、马龙、王瑞、舒文娟、方红、曾海辉、韦曼璇、唐海雁，感谢你们写下真实的活动感受，一起唤醒众多父母的自然教育意识。

感谢大自然，在自然中获得友谊的也不只是孩子们，大人们也成了亲密的伙伴，友谊的小船上坐得满满当当。我们由此成立了亲子互助社群，在社群亲子活动中，我们彼此联结，发挥所长，共享资源，形成"家庭互助式"育儿。

感谢华东师范大学出版社北京分社李永梅社长，您对这本书的专业指导建议，让我茅塞顿开。感谢我的编辑陈慧娜的认同和赏识。

感谢我的读者朋友们，感谢你们选择这本书。如果你有更好的建议，可以关注"读来读往拾光"微信公众号来跟我交流。我们一起努力做智慧的父母，一起实践更多的大自然创意活动，陪伴孩子在大自然中幸福成长。

2023 年 4 月

陈志红

图书在版编目（CIP）数据

做大自然的孩子 / 陈志红著 . -- 长沙 : 湖南教育出版社 , 2023.5
ISBN 978-7-5539-9581-6

Ⅰ.①做… Ⅱ.①陈… Ⅲ.①自然教育—家庭教育
Ⅳ.① G40-02 ② G78

中国国家版本馆 CIP 数据核字 (2023) 第 076335 号

ZUO DAZIRAN DE HAIZI
做大自然的孩子

责任编辑：陈慧娜　姚晶晶

封面设计：凌　瑛

出版发行：湖南教育出版社（长沙市韶山北路 443 号）

网　　　址：www.bakclass.com

电子邮箱：hnjycbs@sina.com

微 信 号：贝壳导学

客服电话：0731-85486979

经　　销：湖南省新华书店

印　　刷：长沙玛雅印务有限公司

开　　本：880 mm × 1230 mm　1/32

印　　张：5.75

字　　数：80 000

版　　次：2023 年 5 月第 1 版

印　　次：2023 年 5 月第 1 次印刷

书　　号：ISBN 978-7-5539-9581-6

定　　价：49.80 元